XII
SOR
JUANA
2024

ARTES
de
MÉXICO
en
UTAH

Sor Juana is published by the SLCC Community Writing Center and Artes de Mexico en Utah.
All inquires should be directed to:

CWC Director
210 East 400 South, Suite 8, Salt Lake City, UT 84111

Cover art: *Mi Herencia, Mis Raíces by* Abel Adame.
Design by Nash Hutto.

© 2024
ISBN: 9798340978783

Índice

Sobre Artes de Mexico en Utah

Misión y Visión

Fundados en el año 2011, con el objetivo de construir comunidad y sentido de pertenencia unidos por lazos culturales a través de la creación de programas educativos inspirados en el arte. Creemos que el arte en todas sus expresiones es un medio social para reflexionar sobre nuestro pasado y presente y así encontrar puntos en común que nos identifiquen como una sociedad más incluyente y equitativa.

La multiculturalidad es el valor fundamental de nuestros programas. Reflexionamos en perspectivas históricas y actuales, que incluyen la historia de los Estados Unidos de América y sus paralelos entre México, Latinoamérica y el resto del mundo.

Nuestras conversaciones comunitarias, presentaciones y talleres proveen perspectivas inclusivas y diversas sobre aquellos que se identifican como indígenas, mestizos, y de ascendencia africana, inmigrantes, mexicanos, latinos e hispanos nacidos en los Estados Unidos, con el fin de honrar las diversas identidades y crear conciencia transcultural.

Brindamos ayuda a la juventud mexicana y latina-hispana para conectarse con sus raíces a través del arte, con el fin de sentirse orgullosos de ser parte de un legado multicultural.

Somos la voz y las perspectivas de nuestra comunidad en todo lo que hacemos. Nuestra comunidad nos ayuda a crear el contenido de nuestros programas al compartir sus historias orales y su conocimiento cultural. Somos un medio de creación para la identificación de artistas locales, visuales, poetas, escritores, y contamos con el apoyo de instituciones educativas.

Honramos y compartimos la relevancia de nuestras tradiciones y lenguaje como elementos vivos. Por medio de nuestros programas, nuestro público toma conciencia de que muchas de nuestras tradiciones antiguas siguen vivas en nuestras prácticas diarias y que enriquecen la diversidad de nuestro Estado.

Honramos y respetamos la diversidad de prácticas culturales ancestrales. Nuestros programas se enfocan en la **relación del arte entre la naturaleza, ciencia, cultura y sostenibilidad.** Nuestro legado -cosmovisión-está basado en estos conceptos que debemos continuar para preservar el bienestar de nuestro planeta.

About Artes de Mexico en Utah

Mission and Vision

Created in 2011, with the mission to build communities and a sense of belonging united by cultural connections through the appreciation and creation of educational programs inspired in art. We believe that Art in all its expressions is the pathway to reflect on our past and present to find commonalities among one another for a more inclusive and equitable society.

Multiculturalism is the core value of our programs. We reflect on historical and current perspectives that include the U.S. history and the parallels between Mexico/Latin America and the U.S.

Our community conversations, discussions and workshops provide inclusive and diverse perspectives of those identified as indigenous, mestizo and of African descendants born in Mexico, immigrants, those of Mexican/Latino heritage born in the U.S. and non-Latinos, to build understanding and cross-cultural competence.

We especially seek to help the Mexican and Latino-Hispanic youth to connect with their roots and to be proud of being part of a multicultural heritage.

We are the voice and the perspectives of our community in everything we do. Our community helps us create the content of our programs by sharing peoples' relevant oral histories and cultural knowledge. Thus, we stimulate the public to create their own art in response involving local visual artists, poets, writers, and filmmakers, as well as, university professors, teachers, community scholars and museums.

ARTES
MÉXICO
UTAH

We acknowledge and share the relevance of our living traditions, practices and language. Through our programs, our audiences become aware that many of our ancient traditions are alive in our daily practices, and that they enrich the diversity of our state. We acknowledge the preservation of such practices with respect and honor.

Our programs focus on the interconnection between Nature-Culture-Sustainability. Our heritage - the cosmovision - is based on these three concepts that we must continue to preserve for the well-being of our planet.

Sobre el Centro Comunitario de Escritura

El Centro Comunitario de Escritura (CWC, por sus siglas en íngles) del SLCC apoya, motiva y educa a personas de todas las capacidades y niveles educativos que desean usar la escritura para necesidades prácticas, compromiso cívico y expresión personal. Además de ser un espacio abierto disponible para escribir, brindamos oportunidades para mejorar las habilidades de escritura a través de programas como Coaching de escritura, Talleres de escritura, Serie de escritura comunitaria, Escritura de adolescentes de Salt Lake y Socios de escritura comunitaria. Recipiente del Premio al Artista del Alcalde de 2012 y el Premio de la Liga de Innovaciones de 2012. Estos programas están abiertos a todos los residentes del área de Salt Lake.

About The Community Writing Center

The SLCC Community Writing Center (CWC) supports, motivates and educates people of all abilities and educational backgrounds who want to use writing for practical needs, civic engagement and personal expression. In addition to an open space available for writing, we provide opportunities to enhance writing abilities through such programs as Writing Coaching, Writing Workshops, the Community Writing Series, Salt Lake Teens Write, and Community Writing Partners. Recipient of the 2012 Mayor's Artist Award and the 2012 League of Innovations Award. These programs are open to all Salt Lake area residents.

Introducción

XII Premio Anual Sor Juana de Poesía y Prosa en español

Premio LatinArte - Nuestras Raíces

En el mundo de la creatividad, donde las palabras y los colores convergen para crear un tapiz de emociones, encontramos consuelo, inspiración y profunda belleza en esta publicación anual que une las voces de nuevos escritores y artistas representantes de la comunidad hispanohablante en el estado de Utah.

Esta publicación anual es un testimonio del poder perdurable del arte en sus diferentes expresiones para trascender fronteras, culturas y el tiempo. Es una invitación a sumergirse en un mundo donde la escritura y el arte fungen como un espejo de la sociedad, reflejando sus alegrías, tristezas, sed por la justicia social, su identidad, naturaleza, sus recuerdos, emociones e historia, así como reflexiones sobre la vida y la muerte.

Por doce años consecutivos, Artes de México en Utah ha sido el creador del Premio Anual Sor Juana de Poesía y Prosa en español dedicado en honor a Sor Juana Inés de la Cruz, O.S.H. (1651-1695), una monja mexicana del s. XVII, quien fuera una de las más brillantes intelectuales, poetas y autoras de su tiempo. Sor Juana fue nombrada la "décima musa" en su época debido a su ingenio al escribir poesía, así como por sobresalir en filosofía, música y las ciencias. También fue conocida por defender los derechos de las mujeres y las minorías, por lo que hoy en día, ella continúa siendo una inspiración. El legado cultural de Sor Juana esta siempre presente en escuelas y universidades de habla-hispana alrededor del mundo.

Agradecemos a nuestro principal socio representante, el Community Writing Center, por el apoyo en la realización este libro y por proveer un espacio seguro e incluyente a los escritores.

Nos sentimos profundamente agradecidos con el Consulado de México en Salt Lake City y el Museo Leonardo, por unir lazos y esfuerzos como representantes principales en la realización del concurso LatinArte-Nuestras Raices.

Gracias a todos nuestros donadores principales: The Poetry Foundation, The Borchard Foundation, The Lawrence T. & Dee Foundation, Utah Humanities, al Centro de Estudios Latino Americanos de la Universidad de Utah, al Fondo Literario de Poesia de Amazon y la Academia de Poetas Americanos, al Mexicano Latino Institute, al estado de Utah, a la ciudad y condado de Salt Lake City, por su apoyo institucional, Zoo Arts and Parks, Utah Division of Arts and Museums y Salt Lake Arts Council.

Gracias a la comunidad de jóvenes, adultos, padres de familia y docentes, por su apoyo y presencia constante como creadores del arte plasmado en este libro.

Con nuestro más sincero reconocimiento,

El equipo de Artes de México en Utah y los jueces colaboradores

Introduction

XII Annual Sor Juana Poetry and Prose Award in Spanish

LatinArte Award - Our Roots

In the world of creativity, where words and colors converge to create a tapestry of emotions, we find comfort, inspiration, and profound beauty in this annual publication that unites the voices of emerging writers and artists from the Spanish-speaking community in the state of Utah.

This annual publication is a testament to the enduring power of art in its various forms to transcend borders, cultures, and time. It is an invitation to dive into a world where writing and art act as a mirror of society, reflecting joy, sorrow, thirst for social justice, identity, nature, memories, emotions, and history, as well as reflections on life and death.

For twelve consecutive years, Artes de México en Utah been the creator of the Annual Sor Juana Poetry and Prose Award in Spanish, dedicated in honor of Sor Juana Inés de la Cruz, O.S.H. (1651-1695), a 17th-century Mexican nun who was one of the most brilliant intellectuals, poets, and writers of her time. Sor Juana was called the "tenth muse" in her era due to her genius in writing poetry, as well as excelling in philosophy, music, and the sciences. She was also known for defending the rights of women and minorities, and today she remains an inspiration. The cultural legacy of Sor Juana is ever-present in Spanish-speaking schools and universities around the world.

Thank you to our presenting partner, the Community Writing Center, for providing a safe space to gather our writers, and for the publication of this book.

We are deeply grateful to the Consulate of Mexico in Salt Lake City and The Leonardo Museum for joining forces as main partners and presenters in the realization of the LatinArte-Our Roots contest.

Special thanks to our main donors: The Poetry Foundation, The Borchard Foundation, The Lawrence T. & Dee Foundation, Utah Humanities, the Latin American Studies Center at the University of Utah, The Amazon Literary partnership poetry fund and Academy of American Poets, the Mexican Latino Institute, the state of Utah, Salt Lake City and County for their institutional support, Zoo Arts and Parks, Utah Division of Arts and Museums, and Salt Lake Arts Council.

Thank you to the youth community, students, adults, parents, and teachers for their ongoing support and presence as creators of the artworks presented in this book.

With our sincere appreciation,

Artes de México en Utah team and the collaborating judges

Poesía
Categoría I

Me Bebo el Silencio
Jairo Dealba
Primer Lugar – First Place
Poesía Categoría I

Me bebo el silencio de las raíces.
Soy igual que las hojas
que bailan sobre el precipicio del aire.

Voy y en la explosión de la mirada,
pierdo mi sombra como eucalipto.

Graciosas flores de los reflejos
desde mi ahora me cuentan mentiras
y después de mí nacen los huesos.

La blancura inmóvil de los laureles
vuelven en su parpadeo mis ríos,
de la córnea crujiente y fija, inamovible.

Solo soy un cuerpo de calor y polvo,
con cuartos de agua y picoteados trofeos.

Mía

Lucia Fabiola De La Cruz Rodríguez
Segundo Lugar – Second Place
Poesía Categoría I

Soy tan mía,
con las rosas que me adornan
y las espinas que le acompañan.

Soy yo, con los pies sobre la acera
y la realidad extraviada,
de dolores a carcajadas
en un rostro de falsa calma.

Mía, con secuelas del ayer,
del tiempo que no volverá
con la ansiedad del mañana
que me sucede sin siquiera provocar.

Soy el pensamiento que sucumbe al dolor
y el antídoto para no pensar más
mi refugio y campo de guerra
en los días de anhedonia total.

Soy apenas el bosquejo de lo que quiero
y la alegoría a mi pasado,
soy mucho menos de lo que pretendo
y mucho más de lo que te he contado.

XII SOR JUANA 2024

La reverencia a mis anhelos
y el reproche a lo errado,
soy la hebra que sostiene
a quimeras el pensamiento vago.

Soy de caricias empuñadas,
soy silencio en el estruendo,
soy fragmento, soy el todo,
soy el sueño mientras duermo.

Soy el gris,
del blanco y negro lo intermedio,
una oración sin devoción
soy euforia, soy cautela,
soy la causa sin remedio.

La razón de mi poesía
y el temor en mis plegarias,
soy el sol a medianoche
y la luna en las mañanas.

Mujer – Objeto
Ana Luna
Tercer Lugar - Third Place
Poesía Categoría I

Cuanto dolor se está dispuesta a vivir,
con tal de sentirse amada
una lista incesante de castigos a recibir
resulta el costo insano para ser aprobada.

Palabras que hieren, a cambio de nada
un fantasma castigador, disfrazado de amor.

Cuerpo mutilado, drenando el sangrado
fajas, drogas y ardor; para escuchar:
"Que hermosa te ves, mi amor"

Cada milimétrica parte de tu ser,
que pareciera estar mal puesto,
porque nada se siente suficiente,
todo resulta un asqueroso defecto.

¿Quién te dijo que tenías que estar avergonzada?
de las características que te hacen humana,
de las marcas en tu cuerpo, en tu cara.

Palabras hirientes cual navajas,
que dejan marcas donde antes simplemente habitabas
y ahora, las heridas no cierran,
mucha exigencia, sin oportunidad a clemencia.

Poesía
Categoría II

No te Vayas
Rachael Nicole Roda
Primer Lugar – First Place
Poesía Categoría II

La sonrisa que ella me da
la amo con mucho amor
siempre ella está
pero en el futuro ya no más.

Ella me ayuda con todo
no quiero que se vaya
es mi tesoro
me dará miedo ir a la playa.

Ella no estará allí
cuando más la necesito.
no quiero que me deje
¿Qué pasará cuando ella
no escuche mi grito?
Por favor no me dejes.

No te vayas,
no quiero que dejes
de llamarme tu amor.

No quiero que llegue el día
en el que mires
por encima de las estrellas.

No quiero olvidar tu voz
no quiero olvidar
el sentimiento de tu cobija.

No me dejes.
No te vayas.
No dejes a tu hija.

Filete a la Pimienta
Andrew Smith
Segundo Lugar – Second Place
Poesía Categoría II

Gastronomía popular
receta ecuatoriana
muy sencilla y ejemplar.

Plato típico de la costa
cargado de sabores
con pimientos y cebollas
te diré lo que en verdad es.

Son recuerdos, son memorias
que mi madre nos cuenta
era el plato predilecto
de su abuelo de ochenta.

A mi familia le encanta
cuando mi mamá cocina
pues nunca mira la receta
la preparación adivina.

La sazón de los alimentos
se sabe de memoria
siempre un poco diferentes,
los mejores en la historia.

La comida de mi madre
ha unido a la familia
este vínculo grande
nació en nuestra cocina.

La Medicina Interna
Julia Elizabeth Soledad
Tercer Lugar -Third Place
Poesía Categoría II

En las sombras camino sin forma
observo mi tren de pensamientos
el cual se pierde en el vacío.

La búsqueda de sabiduría
me lleva a mi ser
pues busco conocimiento
el cual no hay en libros.

Al caminar mi llama me alumbra
despojándome de mis capas
quemándolas en mi fuego
desnudándome de prejuicios.

Como una partícula
flotando en el aíre
me uno al todo.

La meditación
es la medicina
que me llena interna-mente.

LatinArte

Mi Herencia, Mis Raíces
Abel Adame
Primer Lugar - First Place
LatinArte

Mis raíces se conocen por escritos, esculturas y palacios. Piedra sobre piedra quisieron extinguirlos, pero no pudieron. Su historia ha resurgido de entre las cenizas, seguimos en pie. El mundo sabe quiénes fueron. Hoy en día se habla de ellos, Los AZTECAS cultura que no ha muerto y hoy es mi herencia.

Técnica: Óleo sobre tela

Diamantes Azules
Calixta Chavez de Bazan
Segundo Lugar - Second Place
LatinArte

Nací en el pequeño pueblo de Teotitlán del Valle, Oaxaca, Tierra de Dioses. Desde los ocho años aprendí a tejer con el telar de pedal. Mis padres me enseñaron a tratar la lana, lavarla en el rio, formar el hilo. El primer tapete que hice fue de un diseño geométrico muy antiguo y tradicional, originario de Teotitlán. Me alegra contemplar esos diseños que provienen de nuestras culturas: los Aztecas, Mixtecas, Zapotecas y muchas más.

El tapete, nombrado "Diamantes Azules" es inspirado en las grecas encontradas en las ruinas Zapotecas en Oaxaca. Los diamantes son simbolismos representativos de nuestros antepasados. Las grecas en los lados se llaman relámpagos y se refieren al dios de relámpagos y lluvias; uno de los dioses más importantes de los Zapotecos. El tinte natural más sobresaliente es el color azul proveniente del índigo.

Técnica: Telar de lana en tintes naturales

Soy la Hija de mi Padre
Jennifer Budding-Wandry
Tercer Lugar - Third Place
LatinArte

Soy la hija de mi padre. Compartimos un idioma, una cultura, y una historia. Cuando yo era niña, nos mudamos de Argentina a los Estados Unidos. Aprendí un nuevo idioma, conocí una nueva cultura, y ahora tengo dos historias. Algunos dicen: "¡No eres lo suficientemente argentina!" Otros dicen: "¡No eres lo suficientemente americana!" Anhelo pertenecer, pero donde quiera que miro, hay conflicto. Soy la hija de mi padre; soy fuerte y resistente. Creé esta obra después de la muerte de mi padre, durante años de angustia e intento de curación. Después de la muerte de quien sostuvo mi historia; me sentí aún más perdida. A medida que pasaron los años, aprendí que mi corazón puede sanar. Nunca debí ser una sola cosa, reclamar una herencia. Mis raíces son fuertes gracias a mi padre, mi madre y mi familia. Nuestras raíces son aún más profundas y reclaman una conexión de autenticidad que nos une como seres humanos.

Técnica: Fotografía [24x36] 2024

Prosa
Short Stories
Categoría I

ARTES
de
MÉXICO
en
UTAH

El Colmo
María de los Ángeles Conejo
Primer Lugar - First Place
Prosa Categoría I

Grandes sacrificios se hicieron para pagar las cuotas, útiles y uniformes escolares para que pudiera estudiar.

Tenía que esforzarse; era la punta de lanza, la que debía poner el ejemplo y nunca claudicar.

Aunque los hermanos no siguieron el ejemplo, quedó cumplida la meta: ¡Ser graduada de la universidad!

El título de enfermera como pago a todos los sacrificios de sus padres, fue muy poco en realidad.

Pronto voló a otro cielo construyendo un nuevo hogar y diseñando nuevos senderos.

El desierto fue testigo de mayores sacrificios: se regó con lágrimas de esperanza y sangre de unos pies cansados pero decididos, que buscaban prosperar.

Hoy mucha gente, sobre todo adultos mayores, reciben sus cuidados. Con esmero les alegra el alma en sus días tristes, abrazando a quien se siente solo y escuchando al que necesita hablar. Tal vez entiende su dolor porque lo conoce muy de cerca ya, el colmo y pena más grande de su vida en sus labores va.

No pudo despedirse de su padre con un abrazo y ni siquiera pudo asistir a su funeral.

Su madre se siente sola y triste pues no tiene con quien hablar, una llamada diaria no alcanza para darle todo el amor y agradecimiento que le quisiera dar.

Muy lejos de casa, a su vocación se entrega, cuidando en un asilo a los que van quedando en soledad.

Y a su madre, ¿Quién la cuidará?

El Metate de mi Abuela
Evelyn Cervantes
Segundo Lugar - Second Place
Prosa Categoría I

Un metate es una gran piedra tallada en forma de losa rectangular con 3 patas debajo, donde la gente, tradicionalmente mujeres o personas de presentación femenina de las culturas indígenas, trituraban las cosas. Los metates eran elaborados por artesanos, que en las antiguas culturas mesoamericanas eran los miembros más valiosos de la sociedad. Los artistas, por encima de todos, eran venerados como las personas más sagradas e influyentes, y los metates que tallaban se consideraban reliquias familiares que se pasaban de generación en generación.

Hace una semana compré un metate en Puebla, México. Pesa más de 30 kilos, que según me enteré son más de 60 libras, y aunque no tenía ni idea de lo que era un kilo, aprendí rápidamente que el pequeño número de kilos no equivalía a ligereza. Lo cargué desde Cholula, Puebla hasta la Ciudad de México donde lo envié por correo miles de kilómetros hasta nuestra casa. Pesaba tanto que me dejó unas marcas rojas enormes en los hombros y rompió la mochila en la que lo llevaba. Bromeé con mi pareja diciéndole que este metate me costó tanto trabajo que estaba destinado a permanecer en nuestra familia durante al menos seis generaciones.

Cuando volví a Utah, mi tío me contó que mi abuela tiene un metate que tiene siglos. Dijo que está en su jardín, escondido bajo los rosales, y que está tan desgastado que ya no tiene esquinas, y que sus patas son tan cortas que su barriga redondeada toca la tierra.

La casa de mi abuela es azul, como la casa azul de Frida Kahlo. Es el azul exacto de la artista más venerada y celebrada de México. Así que me pregunto si sabía que las artistas como ella, que habían sufrido tanto a manos de sus hombres, estaban en algún momento destinadas a ser siempre recordadas.

Me pregunto si vio ese color azul e identificó sus luchas con la miserable y, sin embargo, celebrada existencia de Frida Kahlo. Los problemas de Frida con Diego, iguales a sus problemas con mi abuelo. Me pregunto si sembró las brillantes flores rosas y naranjas delante de su casa porque sabía que el contraste con el profundo azul cobalto nos haría sonreír a todos. O tal vez sólo la hacían sonreír a ella. Me pregunto si sembró esas flores para que cada mañana, cuando temía salir al mundo, pudiera mirar desde su balcón, y ver el zumbido de las alas y los largos picos de los colibríes sorbiendo felizmente el néctar. Un fugaz recordatorio de que aún existía alegría en la vida fuera de su casa. Y que en cualquier momento ella también podría beber un dulce néctar y volar hacia la distancia dejándolo todo atrás.

El metate de una mujer en Mesoamérica era a la vez su preciada posesión y su candado y cadena. Esto se debe a que cuanto más desgastado estaba un metate, más sagrado se volvía. El trabajo de una mujer, reflejada en el desgaste de su metate, se convertía en algo para ser presumido por los hombres a otros hombres, pero no en algo que valoraban a diario. Un metate es a la vez un símbolo de nuestro conocimiento y trabajo, la mezcla experta de especias que crea hermosos platos que toda la familia disfruta. Y un símbolo de los límites que la sociedad nos imponía, triturando cosas una piedra en chozas oscuras y llenas de humo. Durante la mayor parte del día, perdíamos el privilegio de mirar los pájaros y los colores del mundo que nos rodeaba.

Quizá por eso el metate de mi abuela vive en su jardín. Lejos de la cocina, lejos de la oscura humareda de los límites que una sociedad machista impuso a las abuelas que la antecedían. Las abuelas que se esforzaban tanto que ambos ellas y sus metates perdían sus esquinas, que sus rasgos afilados perdían su filo y se moldeaban a lo que los hombres querían que fueran. En cambio, el metate de mi abuela sonríe ante el contraste de las flores naranjas y rosas que se encuentran frente el profundo azul cobalto de su casa azul. Su metate mira libremente al cielo y vuela con los colibríes que vienen a sorber el dulce néctar de las semillas que ella sembró.

Tal vez por eso nunca vi el metate de mi abuela, porque ella me salvó del desgaste del que ella se desprendió demasiado tarde en la vida y me permitió conservar mis esquinas afiladas, la dureza y la brusquedad con la que nací. Este verano compré un metate, pero no es un metate que pienso usar sola, ni un metate en el que pienso pasar triturando durante horas en una cocina oscura y ahumada. Mi metate, es nuestro metate, porque no sólo me pertenece a mí, sino también a mi pareja, que planea desgastar sus esquinas y pasarlo a la siguiente generación, de todos los géneros.

Nuestro metate, es un metate que se convertirá en un símbolo de nuestra administración de los conocimientos de nuestras abuelas y nuestros antepasados, y en un alejamiento de la cultura de los límites impuestos a partes arbitrarias del cuerpo que limitaban a las personas a chozas ahumadas y las mantenían alejadas de los brillantes azules cobalto y los naranjas radiantes del mundo.

Nuestro metate es un metate que triturará especias que llenarán nuestro hogar de mezclas de olores dulces con las que se elaboran platos que todos disfrutaremos. Será un metate cuyo único deber será eliminar la amargura de las historias pasadas. Y aunque sus rincones se desvanezcan algún día, permitiremos que los nuestros se mantengan.

Nosotros, como mi abuela, nos quedaremos con el conocimiento de lo que funciona y dejaremos también en nuestro jardín lo que no.

Querida Hermana
Lluvia Stephanie Guzmán Ramos
Tercer Lugar – Third Place
Prosa Categoría I

Querida hermana; hoy conocí tu angustia, tu miedo, tu ira, tu impotencia, tus ganas de quemarlo todo.

Querida, hoy no dormí, el teléfono no dejaba de sonar y yo solo deseaba que fueras tú. Las palabras huyeron de mi corazón y mis manos sólo querían sentirte una vez más.

Duele ver tu cara junto con todos esos datos que se necesitan para identificarte, pero mi alma respira al notar como todos tus conocidos y no tan conocidos comparten tu foto, sus ganas de ayudar a que vuelvas a casa.

Querida hermana, ahora entiendo lo que significa enfermarse de dolor y desesperación. Hermana, ahora entiendo porque sales a quemarlo todo.

Pero lo que no entiendo es porqué no estás, porque la familia se siente incompleta, de dónde sale esa energía, cuando no comes, cuando no duermes, cuando solo quiero que regreses.

Querida hermana, quiero que sepas, donde sea que estés, que ahora todo mundo reconoce tu cara, que ahora todo mundo conoce tu nombre y te busca y te grita y te ayuda.

Que no estás sola, que no estoy sola, que no estamos solas. Paramos nuestras vidas para recuperar la tuya, querida hermana, quédate tranquila, que hoy también, hoy salgo a quemarlo todo.

Menciones Honoríficas
Honorable Mentions

Caña en Fuego
Miriam Padilla
Mención Honorífica – Honorable Mention
Poesía Categoría I

La leche de mi pecho
le dio vida a este pueblo
ay gritaré desde el techo
la mujer es caña en fuego.

Soy mujer soy feroz
hecha de frijol y arroz
la fuerza de mi abuela
corre roja en mis venas.

Cargo la comunidad
fácilmente en mi cadera
no me traten con maldad
llevo palo de madera.

Ni trates de alzar
mi falda con tu mano
pronto vas a realizar
mi látigo corta hermano.

Afila su machete
qué vamos a dar pela
magistral, ¡corre! ¡vete!
la mujer da lucha en vela.

Soy guerrera cimarrona
sin navaja no me rajo
hoy te tiro hasta la chancla
y te mando p'al carajo.

Sopa de Caracol
Dignora Miroslava Diaz Cardenas
Mención Honorífica – Honorable Mention
Poesía Categoría I

Su vida en círculos formando
viciosos sueños que le escurren.
Mojada de pesares monta la vida
su hogar a espaldas restaurando.

Su cuerpo frío a cálida presea torna
su corazón esquivo sucumbe entre mordidas
y en danzares se cruza el camino
con el recorrido nuevo de otro andante.

Se mezclan sus salivas brillantes
se chorrean y crujen los diamantes.

Se introducen en celo ciego poseyéndose
rodeados de fuego, aceite y especia
penetrando cada poro de su cuerpo.

Se convierten en sopa de deseos
se olvidan del mañana distante
se cogen fijos los luceros
hasta que la boca de otro los alcance.

Tezcatlipoca
Adam Haver
Mención Honorífica – Honorable Mention
Poesía Categoría II

La manera en lo que perdimos
nosotros mismos en la oscuridad
de olvido, no de experiencia
pero la memoria ancestral.

Nuestras vidas una muerte al pasado,
nuestra sepultura un nuevo comienzo
para otras que vienen después,
nuestra sombra su silueta que respira.

El tiempo revela tan poco,
sin embargo, ha revelado todo,
mientras envejecemos, obsidiana
como espejo como vidrio humeante.

Es Viernes
Kenneth Sánchez
Mención Honorífica – Honorable Mention
LatinArte

Esta obra se titula "Es viernes". Es un pirograbado sobre madera que muestra lo que pasó ese último viernes en la feria de la Magdalena en Uruapan, Michoacán. Y pensar que ese día me tocó bailar con la más fea y toda la tanda.

Transmito mis ideas y forma de ver la vida a través del pirograbado, cada pieza muestra una historia vivida o parte de mis viajes a través de México.

Técnica: Pirograbado sobre madera

Pilares Internos
Jazmín Guzman
Mención Honorífica - Honorable Mention
LatinArte

Pilares internos, es una metáfora visual a través de la cianotipia en vidrio. Cada imagen representa a las mujeres que han influido en mi vida. Sus rasgos oscurecidos por mi presencia se contemplan a través de mí. La obra se centra en la exploración conceptual de capas de identidad intrínseca, de generaciones y de la influencia que transforma a las relaciones familiares.

El azul de la cianotipia actúa de manera similar al azul que vemos en el cielo: cuanto más cerca está de nosotros, más más oscuro es el azul, pero cuanto más se acerca al horizonte, más claro se vuelve. La obra es capaz de mostrar ese mismo efecto del cielo cuando la miras de frente.

Este concepto aborda la distancia física, pero también la distancia en el tiempo y las generaciones que la representan, creando ecos dentro de nosotros.

Técnica: cianotipia en vidrio

Migración sin Integración
Pablo Francisco Cruz Ayala
Mención Honorífica - Honorable Mention
LatinArte

Hablar sobre la inmigración como inmigrante indocumentado donde exploro la experiencia de mis padres, compartida entre muchos otros padres inmigrantes. La esperanza de migrar pensando en los hijos que aman, depositando su fe en una tierra desconocida, lejos de la tierra que llamaron hogar. Desatar las fibras de sí mismos con la esperanza de que sus hijos encuentren mejores hilos para crear y crecer. Es una incertidumbre y, sin embargo, un anhelo innegable que vale tanto sacrificio. Mi padre dejó México cinco años antes de que el resto de mi familia emigrara, sacrificando ver a su madre fallecer y mi nacimiento para que nuestra familia tuviera el dinero para cruzar la frontera de manera segura. Quise recrear ese sacrificio inimaginable con una pieza que integrara amor y comprensión de su mundo. Estando aislado y desvanecido en los colores del fondo, veo que sus experiencias a menudo son ignoradas como inmigrante indocumentado. El amor de un padre por su hijo está representado a través del acto cuidadoso del bordado suspendido y rodeado por una necesidad frenética de mantener el mundo unido. Sé que mis padres han hecho tanto para que yo vea el mundo como hermoso, y solo espero aliviar la tensión en los hilos que han sostenido durante tanto tiempo. Esta pintura está atada a un soporte de madera a través de nudos corredizos cosidos, no es perfecta, pero nos mantiene unidos.

Técnica: Acrílico, óleo, bordado mixto sobre lienzo estirado

Carta a México
Sara Serratos
Mención Honorífica – Honorable Mention
LatinArte

En la obra "Carta a México", una escultura de metal que imita la forma de una hoja cuadriculada de cuaderno de notas, escribí sobre mis emociones nostálgicas que necesitaba verter en ese momento en algún lugar fuera de mí. Este sentimiento me ha acompañado desde que emigré de México, mi tierra natal. Durante mi estancia en los Estados Unidos, he experimentado sentimientos similares sobre estar lejos de mi país, como se describe en la Canción Mixteca:

'Inmensa nostalgia invade mi pensamiento'.

Texto grabado en la hoja de metal:

Lunes, 06 Feb 23

Extraño a MÉXICO: su gente, la comida, a mi   familia, a mi mamá, a mis amigxs. Ya quiero   ir, regresar para comer unos buenos tacos y   un jugo de frutas recién hecho. Las tortillas que saben a maíz. Las salsitas: verde, roja, y   morita. El agua de horchata. Los sonidos del   pueblo y la ciudad. Espero reencontrarte   pronto. Atte. Sara.

Técnica: Escultura en metal: Hoja de acero intervenida con texto
Parte del cuerpo de obra ¿Quién Sostiene Nuestras Mesas?

El Ciclo de la Nostalgia
Luis Enrique Rosado Montes
Mención Honorífica – Honorable Mention
LatinArte

En esta escultura retomo la imagen de la iguana como símbolo de la cultura del istmo de Tehuantepec, Oaxaca, como parte de su gastronomía y de su vida cotidiana, la base representa elementos comunes de la región costera que en su conjunto evocan en mi persona olores, sabores y sensaciones de mis raíces en tierra mexicana.

Técnica: Escultura de resina y polvo de mármol con pintura acrílica

Mujeres Nopales

Jessica Guadalupe Gonzalez Graciano

Mención Honorífica - Honorable Mention
Prosa Categoría II

Me encuentro acostada en mi cama, mis párpados se sienten pesados, tratando de pelear el sueño. Recientemente, por las noches, las horas del reloj se escapan tan rápido que no duermo. Y las ganas de volver a verlas resurgen con la llegada del verano. Rápidamente parpadeo, pues mi cerebro no puede dormir, pero mi cuerpo no resiste más. Mis ojos se cierran, empiezo a caminar en el hilo entre la realidad y el mundo de los sueños; mis recuerdos resurgen. De repente, la sensación de aire golpea mi cara, me arrastra en su corriente fácilmente, como un grano de arena, de un lado para otro hasta sentir que mis pies tocan tierra firme.

Al abrir mis ojos, te miro regando tus plantas. Frente a mí, el árbol de toronjas que tanto amabas. Del otro lado, un pequeño cuarto hecho de madera, que con los años de exposición al sol ha quedado sin color. A la izquierda, justo al lado del cerco, un muro gigante de nopales. Diriges tu mirada hacia mí y me indicas que camine contigo; es tiempo de regar los nopales. Notas mi curiosidad hacia el muro y me dices:

—¿Sabías que los nopales son un símbolo de resiliencia? ¡Capaces de crecer incluso en los entornos más desafiantes!

Como un zumbido en mi cabeza, esas palabras me llegan en mis momentos más oscuros. Los nopales simbolizan a nuestras mujeres: raíces fuertes, que florecen flores y frutos dulces que usan como accesorios para adornarse. Y, aun así, están a la defensiva, con espinas afiladas, ya que tienen que crecer en la tierra caótica del desierto. Somos mujeres nopales: las mujeres que crecieron sin padres, las que no se sintieron suficientes ni deseadas, y las mujeres con traumas. Somos como los nopales, fuertes y llenas de vida.

Necesito mirar tu cara una vez más, pues esto es solo un recuerdo. Tanto tiempo ha pasado que me da miedo olvidarte. Miro directo a tus ojos, un color verde fascinante, y tu cabello rizado, como siempre, en dos trenzas. Tejidos en ellas, tus secretos y dolores, de los que nunca hablas. En mi corazón surge un dolor; cómo quisiera poder decirte que eras tan fuerte como los nopales que tanto cuidabas. Quisiera poder agradecerte por el cabello rizado que me has heredado y que luzco con tanto orgullo cada día, como símbolo de tu amor.

Extiendo mi mano hacia la tuya, desearía poder quedarme aquí contigo un poco más. Te extraño y te amo, nana Teresa. El aire comienza a ganar fuerza de nuevo, la arena empieza a nublar mi visión. Lentamente te desvaneces, cierro mis ojos y otra vez el aire me recoge. Me doy vueltas y me sacudo mientras trato desesperadamente de sentir tu mano. Pero al final, mis esfuerzos son en vano. El aire se suaviza y me mece mientras me dejo llevar por su corriente, como un infante en los brazos de su madre; empiezo a relajar mi cuerpo.

Me encuentro estable de nuevo, con mis ojos cerrados, y una fragancia familiar me empieza a apapachar: hoja de laurel, chiles tatemados, orégano. Como una sinfonía, las notas de los ingredientes bailan en el aire hasta llegar hacia mí, donde suavemente se dejan caer, tomando su tiempo y acurrucándose sobre mí. Desde aquí puedo escuchar cómo brinca el aceite en las cazuelas, el agua hirviendo y el sonido de las cucharas pegando en los sartenes. Abro mis ojos y te encuentras frente a la estufa; yo estoy sentada en la mesa, al otro lado. Tengo mi cabeza apoyada en mis brazos y puedo sentir cómo el mantel hecho de plástico se pega a mí, como si el calor nos estuviera derritiendo y nos uniera el uno al otro. En este momento tengo unos diez años, un poco antes de que llegaran los momentos difíciles que vendrían en un corto plazo. Cuando todavía podías cocinar sin ayuda. Cuando le pedías a mi mamá que apurara el paso, tu voz todavía fuerte y llena de vida.

—¡Hija! Los tamales no van a estar hechos para la cena si no nos apuramos.

Miro a mi alrededor; no hay nadie, solo tú y yo. Cuántas veces has tenido que quedarte callada para que tu mirada tenga esa fuerte e intimidante presencia. Pero cuando me miras, cambia tu expresión, me sonríes y tus facciones se relajan. Me preguntas:

—¿Tienes hambre, mi gordita?

—No, hemos comido toda la mañana, pero ¿sabes qué? —dices.

Notas mi curiosidad y mi emoción.

—Preparé unos nopalitos en salsa roja, ¿quieres un taquito?

Me acomodo bien en mi silla; tu comida siempre fue mi favorita. Tomabas ingredientes y los convertías en una obra de arte. Al cerrar mis ojos, dejaba que el sabor tomara control de mí, como un espectáculo de fuegos artificiales, una experiencia única. Me quedo pensando en los nopales, al mirarlos en mi plato, tan frescos que todavía puedo ver el vapor que producen. Me pregunto a mí misma: ¿cómo una planta tan intimidante y peligrosa puede ser tan nutritiva para el cuerpo?

Me interrumpe el miedo de perderte, pues recuerdo que esta memoria terminará pronto. Dirijo mi mirada hacia ti; tengo que ver tu cara una vez más. Ahora pongo atención solo a tus ojos marrones, hermosos y fuertes; cejas arqueadas, rasgos faciales suaves y elegantes. Tu presencia pide ser vista. Tu cabello corto, teñido de rubio para disimular las canas. Siempre bien cuidada, tu fragancia, un olor suave a flores, y, como siempre, bien vestida y lista para el día. Eres hermosa, fuerte e intimidante. No puedo dejar de admirar tus ojos, pues son iguales a los míos; llevo tu ADN con orgullo, siempre te llevaré conmigo.

Si la vida no hubiera sido tan caótica, en estos momentos podrías florecer y no necesitarías producir más espinas. Cómo quiero dejarte saber que hoy te puedo ayudar; déjame tomar tu dolor, déjame ayudarte a vivir y no solo a sobrevivir. Las dos sabemos que esas palabras nunca se dijeron.

—¿Puedo quedarme aquí solo un poco más? —te pregunto.

Me sonríes, como diciéndome que me amas, pero es tiempo de irte ya. Tu rostro comienza a desvanecerse. Ya no puedo más; siento mis lágrimas calientes correr por mis mejillas mientras veo que te desmoronas como la arena y el aire te lleva con él. Sigo llorando y, con mi voz quebrada, te digo: "Te extraño y te amo, nana Raquel".

Mis lágrimas llenan mis ojos, el dolor en mi corazón me obliga a arrodillarme y agacharme con la cabeza entre las manos. Cierro mis ojos y me quedo en total oscuridad. El ruido del ventilador termina mi trance; estoy de regreso en mi habitación, mi almohada empapada de lágrimas, las lágrimas que mi alma derrama en noches como estas. No es solo por tristeza, sino por haber tenido el privilegio de ser su nieta.

En mis clavículas, sus nombres los llevo tatuados, al igual que sus legados, sus dolores, sus orgullos, sus ansiedades, pero sobre todo llevo sus pasiones y su amor. Como las espinas en los nopales, ustedes son las espinitas en mi corazón, que siempre llevaré conmigo.

Mujeres nopales, eso es lo que somos: crecemos juntas, florecemos y ofrecemos frutos dulces cuando somos regadas con cariño y amor. Tejemos mantas de espinas, añadiéndolas poco a poco por cada momento doloroso que sufrimos. Las colocamos sobre nuestros hombros para protegernos de los dolores que hemos pasado, los del presente y los futuros que puedan venir.

Esto lo entiendo ahora: yo también soy una mujer nopal. Alojemos un poco menos de espinas y más flores, gracias a ustedes. Su legado continuará conmigo, y cuando el día llegue en el que mi vida haya llegado a su fin, sé que ustedes dos me estarán esperando. Nos sentaremos y regaremos los nopales que han quedado atrás en la tierra caótica, mientras me toman de la mano y apreciamos los frutos que hemos logrado. Pues ahora las mujeres de nuestro linaje están llenas de flores, y las espinas son extrañas para ellas.

Despierta Norteamérica
Irasema Diaz H.
Mención Honorífica – Honorable Mention
Prosa Categoría II

La prosperidad de una tierra prometida está en decadencia tiranía, ambición, poder y sangre manchan tus bellos colores, tus años jóvenes se han ido y hoy te dobléga tu poca conciencia vamos América despierta, aún hay tiempo para tu independencia.

Hoy muchos luchamos a diario por ti, a veces casi sin fuerza nos hunde la inflación, nos apaga la injusticia, nos golpea la violencia, pero jamás desistimos porque sujetamos con fuerza tu bandera defendemos tu credo, más rechazamos la falsa diplomacia.

Norteamérica no hay tiempo, orando estamos por un líder, para que sostenga esta patria con gran fervor y valentía, que ni la soberbia, ni la vileza se apoderen de su ser y que devuelva a sus ciudadanos leyes justas con garantía.

¡Despierta Norteamérica!
Tierra de todos los que juraron lealtad.
Que la desesperanza no te detenga,
que las luchas te unifiquen.
Recuerda tus cimientos, tierra bendita,
y próspera potencia mundial.
No importa tu descendencia,
todos somos América
¡Tierra de libertad!

Orgullosamente Mexicano
Ivan Kaled Perez Vazquez
Mención Honorífica – Honorable Mention
Prosa Categoría II

La gente nos ve y nos estereotipa, como mexicanos con poncho y sombrero, pero somos más que eso. Si supieran por lo que tenemos que pasar los mexicanos para hacer un pequeño cambio, verían que eso implica mucho esfuerzo.

¡Hay que conocer la historia detrás de cada persona! Si supieran por lo que algunos mexicanos pasan para lograr el sueño americano…

Hay mucho que aprender de esta maravillosa cultura.

Un buen ejemplo son los colores de nuestra bandera: Verde, que representa la esperanza; Blanco, la unidad; y Rojo, la sangre de los héroes nacionales. Los mexicanos representamos la bandera, somos listos y muy fuertes. Mi gente no solo siente el llamado Brown Pride sino también un orgullo por el rojo, blanco y verde, ¡colores que nos representan muy bien!

Este mundo puede tener muchos colores, pero mis favoritos son el verde, el blanco y el rojo. Tengo sangre mexicana fluyendo por mis venas y, a pesar de que nunca he pisado suelo mexicano, llevo a México en mi alma. Su música, sus colores, sus olores, su cultura y su pasión me han sido transmitidos por medio de mis padres.

Veo a México a través de los ojos de mi padre y amo a México desde el corazón de mi madre. Respeto y amo a los Estados Unidos de América, país que me vio nacer, pero el Brown Pride lo llevo en mis venas, y estoy muy orgulloso de lo que soy y de quién soy.

Algún día iré a conocer mis raíces, esas que tanto he anhelado descubrir. Como están las cosas hoy, hay tanta gente sola, extrañando a personas y cosas de su país, pero si eres mexicano sabes que, si estás con nosotros, nosotros estaremos a tu lado.

Los mexicanos nos mantenemos unidos en los momentos difíciles. De día o de noche, con trabajo duro o ligero, no nos rajamos. Todos tenemos una cosa en común: lo que importa y nos llena de orgullo es honrar a nuestros padres y a nuestra cultura siendo personas de buenos valores y siempre llenos de orgullo, o como yo digo, ¡de Brown Pride!

¡Soy orgullosamente mexicano!

Agradecimientos
-Acknowledgments-

Jueces Concurso Sor Juana de Poesía y Prosa
-Judges Sor Juana contest for Poetry and Prose-

María Jose Toledo
Maestra de español y cultura
M.A. World Languages and Cultures
Universidad de Utah

Laura Ruiz
Poeta y traductora bilingüe certificada
Poet and certified translator

Lina Vega-Morrison
Poeta, autora publicada y educadora profesional
Poet, published author and professional educator
Tallerista/Workshop facilitator

Jueces Arte Visual
-Judges for the Visual Arts-

Eduardo Baca Cuenca
Cónsul titular de Mexico -Head Cónsul of Mexico
Salt Lake City, Utah

Nancy Rivera
Artista y directora de programas
Artist and director of planning and programs
Utah Museum of Fine Arts

Marcia Roth
Gerente de diseño - Senior communications designer
The Leonardo

Jorge Rodriguez
Artista plástico - Visual artist
Representante - Representative Artes de Mexico en Utah

Luis Farfán
Representante - Representative for the Instituto Mexicano-Latino

Portada
-Cover Artwork-

Mi Herencia, Mis Raíces
Abel Adame

Este libro es una publicación financiada por el
Community Writing Center y Artes de Mexico en Utah.
Fecha de impresión: Octubre de 2024.

This Sor Juana Poetry and Prose in Spanish and LatinArte book, is a
publication financially supported by the Community
Writing Center and Artes de Mexico en Utah.
Printing date: October 2024

Produción, redacción y diseño
-Production, editing and design-

Kati Lewis,
Director of the Community Writing Center

Nash Hutto,
Graphic Designer

Manuel Aarón García Becerra,
Poetry Coordinator for the Sor Juana contest

Fanny Guadalupe Blauer,
Executive Director of Artes de Mexico en Utah.

Con profundo agradecimiento
-With deep appreciation-

Socios Representantes
-Presenting Partners-

Community Writing Center
Consulado de Mexico en Salt Lake City
The Leonardo Museum

Patrocinadores Principales
-Main Sponsors-

The Poetry Foundation
The Borchard Foundation
L.T. & J.T. Dee Foundation
Utah Humanities
Center for the Latin American Studies, University of Utah
Amazon Literary Partnership Poetry Fund
and Academy Of American Poets
Mexicano-Latino Institute of Utah

Apoyo Institucional
-Institutional Support-

Zoo Arts and Parks - Salt Lake County
Utah Division of Arts and Museums
Salt Lake Arts Council

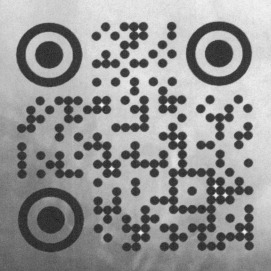

www.artesmexut.org

ARTES
de
MÉXICO
en
UTAH

Made in the USA
Columbia, SC
20 November 2024

47005334R00049